AF339558

LES

TROIS ÉLECTEURS

démocrates.

LES

TROIS ÉLECTEURS

DÉMOCRATES,

SOUS LE VIEUX CHÊNE,

en 1848.

ANGERS,

IMPRIMERIE DE COSNIER ET LACHÈSE,

RUE CHAUSSÉE SAINT-PIERRE, 13.

—

1848.

AU PEUPLE.

LES TROIS ÉLECTEURS

DÉMOCRATES,

SOUS LE VIEUX CHÊNE,

EN 1848.

CHAPITRE PREMIER.

HONORÉ.

Dites-donc, père Georges! n'avez-vous pas entendu conter que nous allions avoir un peu de remue-ménage dans notre commune?

PÈRE GEORGES.

Si fait! comme dans toutes les communes de la République, tous les citoyens âgés de 21 ans accomplis et domiciliés dans la nôtre, vont être appelés prochainement à élire leur conseil municipal.

HONORÉ.

Que pensez-vous de cela, père Georges?

PÈRE GEORGES.

Je pense que nous devons remercier le gouverne
ment qui nous donne le pouvoir de choisir ceux qui
doivent administrer nos affaires. Il y a longtemps,
peut-être, que ç'aurait dû être ainsi ; mais il y en
avait qui prétendaient que le peuple n'était pas assez
instruit pour désigner parmi les braves gens de
chaque localité, ceux qui seraient les plus honnêtes, les plus justes, les plus désintéressés, et les plus
capables de siéger au conseil municipal. Erreur et
mensonge !... Pour choisir de bons chefs et de bons
administrateurs d'une commune, il suffit d'avoir le
sens commun, et pour avoir le sens commun, il
n'est pas du tout nécessaire de payer deux cents
francs de contributions, de porter à tous les jours un
habit de drap fin, de posséder un petit domaine bien
arrondi, ou d'avoir une certaine allure aristocrati-
que, de ces beaux airs de gentilhomme comme nos
roturiers enrichis, nos fashionnables quoi ! Du reste,
Honoré, je me rappelle qu'un soir, où nous causions
de politique, mon lieutenant et moi, auprès de
quelques restes de charbon du bivouac, il me dit,
que dans l'ancien temps, il y avait eu des peuples
chez qui tous les citoyens, sans distinction, riches
ou pauvres, nommaient eux-mêmes leurs chefs,
leurs magistrats à la pluralité des suffrages.

HONORÉ.

Pourquoi, en effet, n'en serait-il pas de même chez les chrétiens? Me ferait-on entendre que les chrétiens dussent être moins libres que les peuples qui vécurent avant l'Évangile? Mon vieux curé m'a dit plus de vingt fois, oh! oui, pour le moins, que c'était l'Évangile qui, peu à peu, avait délivré les hommes de l'oppression et de la tyrannie, et les avait rendus plus heureux. Eh bien! que faire donc, père Georges?

PÈRE GEORGES.

Que faire?... Ce que fait un soldat quand on lui montre l'ennemi; il marche à l'ennemi, il se fait tuer s'il le faut; c'est son devoir... A Marengo, à Austerlitz, à Wagram où j'ai gagné mon grade de sergent, je ne regardais pas si on me suivait, si ceux qui étaient à mes côtés faisaient bien leur besogne, moi je faisais la mienne. En avant, mes enfants! criait mon colonel, à la baïonnette! — J'allais droit à l'ennemi comme si c'eût été des lièvres.... Quand on alla aux voix dans le peuple pour savoir si le petit caporal passerait empereur ou non, je lui donnai ma voix pour qu'il fût empereur; il en eut trois millions et demi. Aujourd'hui, il ne s'agit plus d'empereur, puisque nous sommes en république, mais j'irai voter pour que nous ayons de bons chefs de file, des conseillers qui s'occupent de nos intérêts en véritables pères de famille.

HONORÉ.

Je vous suivrai, père Georges.

PÈRE GEORGES.

Il n'y a point à hésiter. — Comment! dans un temps où tout le monde a faim et soif de liberté, et où la constitution donne à chaque citoyen des droits qui, autrefois, étaient le privilége du plus petit nombre des habitants de la France, nous autres paysans et ouvriers renoncerions bêtement à nous servir de nos droits? Si quelques intrigants, sans mérite ni science, sans sincère amour du peuple, réussissaient à se faire nommer, ce serait bien...

HONORÉ.

Oui, au compte de leur ambition et de leur orgueil.

PÈRE GEORGES.

Mais, si nous étions mal menés, mal administrés, si nous avions affaire à autant de petits pachas que nous aurions de grosses têtes dans le conseil, à qui pourrions-nous nous en plaindre? Ce serait à nous qui serions restés tranquilles, au coin de notre feu, à écouter les chansons de nos femmes et les cris des marmots, pendant que tous les coureurs d'écharpe auraient organisé leurs clubs, leurs coteries, qu'ils se seraient assurés le vote de leurs bienveillants et fidèles serviteurs. Allons, Honoré, crois-moi, fais ton devoir, va aux élections, sinon, tu es un mauvais citoyen.

HONORÉ.

Permettez, père Georges ; vous avez parfaitement raison, mais il y a des difficultés auxquelles vous ne pensez probablement pas. J'ai entendu dire que monsieur le maire a envoyé dans la campagne nos gardes-champêtres et qu'ils les a chargés de distribuer et recommander une liste imprimée, sur beau papier, où il y a les noms des vingt-trois conseillers que nous avions sous l'ancien régime. Que messieurs les conseillers aient grande envie d'être réélus, cela se conçoit très bien ! Mais comment, père Georges, ont-ils le courage de nous demander ainsi nos suffrages ? Je suis bottier de mon état ; mon grand père était bottier, mon bisaïeul était bottier ; Francisque sera aussi bottier, à moins que le drôle qui n'apprend pas mal, ne prenne envie de devenir médecin ou avocat. Je suis bottier, je l'ai fait écrire en caractères longs comme le bras sur mon enseigne, afin que ce soit voyant pour les chalands. L'épicier, mon voisin, a aussi son enseigne pour avertir les mamans et les cuisinières. Mais, dire à des agents salariés par la commune et qui ont l'habitude de porter les messages officiels : Vous ferez l'article pour nous; vous nous recommanderez bien; vous direz à tous les braves gens qu'ils sont libres de ne pas nommer leurs anciens conseillers, mais, qu'au demeurant, leurs anciens conseillers ont tous bien mérité du pays, et qu'ils accepteraient leurs voix avec une reconnaissance infinie.

PÈRE GEORGES.

C'est trop fort ! c'est trop fort ! on ne se moque pas ainsi du peuple... Honoré, on vous a trompé. Les voisines, les rédactrices de la gazette du quartier, vous ont fait avaler, ce matin, ce canard-là. Elles ont peut-être cru que vous aviez la démangeaison d'être conseiller municipal, vous qui vous vantiez, il y a quelques jours, d'avoir conservé l'écharpe que portait votre père pendant qu'il était maire sous la première République.

HONORÉ.

Oui, j'ai conservé cette écharpe, et je ne pense pas que vous m'en fassiez un reproche, parce que tant que mon vieux père l'a portée, il l'a portée noblement. Tous ceux qui ont connu sa conduite dans ces temps difficiles, peuvent attester qu'il n'a jamais refusé de rendre service, et, s'il n'avait pas grand savoir, il avait beaucoup de loyauté et d'honneur. Après cela, que je désire passionnément une place dans le conseil municipal, je ne le pense pas. Une fois nommé, je serais enchanté de l'estime que voudraient bien me témoigner mes concitoyens, mais je n'accepterais qu'en tremblant la responsabilité de telles fonctions. Père Georges! ne me faites pas une mauvaise guerre.

Voici des faits.... Les limiers de la mairie et ceux de nos vieux sénateurs, font une battue générale dans la commune et présentent partout leurs listes où sont inscrits les 23. Ils me l'ont présentée !....

Père GEORGES.

Et tu l'as reçue ?

HONORÉ.

Je l'ai reçue ; mais d'engagement je n'en ai point pris, d'espérance je n'en ai point donnée. J'ai dit que j'irais aux élections, mais libre de voter comme je l'entendrais, en toute conscience et en toute justice.

Père GEORGES.

Très bien, Honoré, tu es un brave. Si le petit caporal t'eût connu, toi qui sais lire et écrire, il t'eût fait mon lieutenant. Explique-toi, Honoré, n'aurais-tu point vu d'autres noms sur ces listes ?

HONORÉ.

Pas d'autres.

PÈRE GEORGES.

Encore, si messieurs du conseil municipal avaient ajouté une dizaine d'autres noms sur leurs bulletins, on aurait pu comprendre qu'ils n'avaient pas l'intention de nous imposer leur manière de voir et qu'ils nous reconnaissaient le droit de choisir, d'effacer les noms qui ne nous conviendraient pas, pour y substituer les noms pour lesquels nous avons de la préférence, plus de sympathie. En quel temps sommes nous donc ?... Sommes-nous, oui ou non, sous le régime de la République? parce que nous avons le droit de voter, veut-on influencer, forcer, escamoter nos votes? Oh! non, mais on vient nous les mendier. Fameux républicains qui se mettent aux genoux de leurs électeurs, s'ils ne baisent leurs pantoufles ou leurs galoches.

HONORÉ.

Calmez-vous, père Georges, nous nous vengerons. Nous montrerons à Messieurs du conseil municipal que nous, leurs très humbles et leurs très obéissants administrés, nous électeurs en sabots et en jaquettes, comprenons, entendons et voulons que notre vote soit entièrement spontané et indépendant. Nous leur dirons que nous ne croyons point qu'il n'y ait que les vingt-trois qui soient honnêtes, loyaux, désintéressés, intelligents et dignes d'être à notre tête. Nous leur dirons que nous ne croyons point que le conseil où volontiers nous reconnaissons des citoyens fort honorables et vraiment dévoués aux intérêts du peuple, nous paraisse si bien composé qu'il n'y ait pas à y toucher, pas un nom, un seul à remplacer.

PÈRE GEORGES.

On ne peut mieux, Honoré! Allons, te voilà dans la bonne veine. Tu comprends les saines doctrines. Tiens-y bien, mon ami. Trouve-moi des gens de cœur et nous réussirons. Choisissons nos conseillers. L'on veut nous exclure, n'excluons pas. Donnons nos voix à ceux qui en sont dignes.

Il me semble que voilà du renfort. C'est M. Lucien qui nous arrive.

M. LUCIEN.

Et les affaires, mes amis?....

PÈRE GEORGES.

Nous ne serons pas les premiers à battre le rappel, M. Lucien. L'ennemi a fait des marches et des

contre-marches pour nous surprendre dans nos po-
sitions; mais quand il aurait des canons et de la ca-
valerie, ce serait bien le diable s'il nous faisait re-
culer.

M. LUCIEN.

Je ne veux point vous décourager, mes amis,
mais pourtant je vous avoue que nous avons tout à
craindre. Leur plan, voyez-vous, a été parfaitement
combiné. Vous savez leur liste?... Eh bien! elle va
produire un effet formidable. Nos bonnes gens, nos
peureux, nos trembleurs voyant une liste à eux ap-
portée par le messager de la municipalité, croiront
qu'il y a obligation de conscience à la rapporter telle
qu'on la leur aura envoyée.

Père GEORGES.

Allons donc, allons donc, monsieur Lucien!

M. LUCIEN.

Vous verrez... Ils diront : M. le maire m'envoie
ce bulletin ; il faut que je le lui rende, et ils ne se
permettront pas d'y changer un seul nom. Le vote
est secret ; il est expressément défendu à ceux qui
reçoivent les bulletins d'en ouvrir aucun avant le dépouillement du scrutin. C'est égal. — Ils imagine-
ront que l'autorité a les yeux assez perçants pour
lire au travers d'un bulletin les changements qui y

seraient faits. Ils craindraient de se mettre mal avec
l'autorité...

Mettre un bulletin écrit entièrement à la main et
sur le premier papier venu qui ne ressemblât pas,
soit pour la couleur, soit pour la dimension, au papier municipal, je gage qu'il y en a plus de dix dans
la commune qui ne l'oseraient jamais. — Ils pense-
raient que ce serait conspirer contre l'autorité et un
cas à confession.

Puis, un grand nombre de bulletins ne seront en-
voyés exprès que la veille, et encore le plus tard
possible. Beaucoup d'électeurs qui demeurent à la
campagne, ne sachant malheureusement ni lire ni
écrire, n'auront pas le temps seulement de faire lire
leur bulletin, de consulter leurs amis ; pas le temps
de discuter leur liste, de la comparer avec d'autres,
de la modifier. Le lendemain matin, ils l'apporteront,
la mettront dans l'urne sans plus de vergogne, et les
candidats de l'administration passeront tous, oui
tous, sans exception, avec une majorité triomphante.

Père GEORGES.

Il ne nous reste donc aucune ressource ?

M. LUCIEN.

Il faut que nous arrêtions une liste et que nous
nous hâtions de la faire copier par nos amis.

Faire une liste! mais ce n'est pas si sûr que vous croyez, messieurs. C'est nous exposer à recevoir des coups de férule des mains de M. l'instituteur, qui n'entend pas que l'on fasse des bulletins différents de ceux de la municipalité. Il n'y a pas jusqu'au garde-champêtre qui intimide les paysans et les conjure de ne pas s'exposer au juste courroux de M. le maire. Si vous voyiez comme il se rengorge quand il colporte ses bulletins, comme il pérore. On dit même qu'il monte sur les chaises des métairies pour haranguer les garçons de ferme qu'il fait réunir. Il aurait cinq francs à gagner pour chaque bulletin qu'il place et dix francs pour chaque bulletin ennemi qu'il déchire, il ne s'y prendrait pas mieux. Ce serait à crever de rire, s'il ne s'agissait pas d'un intérêt aussi sérieux. Vive le garde-champêtre! une médaille d'encouragement au garde-champêtre!

M. LUCIEN.

Que voulez-vous? Nous ne réussirons pas, mais nous aurons protesté et accompli un devoir. — A demain, messieurs.

CHAPITRE II.

Le lendemain, nos trois électeurs se retrouvent sous le vieux chêne comme il était convenu.

HONORÉ.

Citoyens, savez-vous ce que l'on débite maintenant dans la commune ? On en fait et on en fait des fagots bien fourrés, je vous assure, bien métrés, bien conditionnés. Nous aurons de quoi nous chauffer pendant plusieurs hivers. On fait circuler mille sots propos, et on les adopte et les croit d'autant mieux qu'ils sont plus niais et plus absurdes. — Si j'avais eu plus de temps, je me serais fait passer pour le grand Lama.

J'ai rencontré, il y a deux heures, André, le meunier, qui chantait gaiement, à son ordinaire, en conduisant sa mule.

PÈRE GEORGES.

Pour celui-là, je serais bien étonné s'il n'était pas dans les bons principes. C'est une de mes plus vieilles connaissances. J'ai bu avec lui bien des petits verres dans ma vie et je l'ai entendu raisonner.

HONORÉ.

Cependant, père Georges, André, lui aussi, a tourné. Il s'est laissé endoctriner comme les autres; mais comme on prévoyait bien qu'il ne pourrait digérer la liste de la mairie, on lui a persuadé de ne pas se déranger de son travail et de ne pas aller voter, et il n'ira pas.

PÈRE GEORGES.

Il n'ira pas !....

HONORÉ.

Bien sûr. Comment voulez-vous qu'il aille voter pour nos amis ? On lui a fait croire, comme à un trop grand nombre, que ceux que nous voulions nommer étaient des aristocrates qui mèneraient le peuple par le bout du nez, lui ôteraient le droit de penser et de parler français, l'enverraient paître dans les prés, lui arracheraient son dernier écu et lui suceraient jusqu'à la dernière goutte de son sang. — Il m'en a dit de toutes les couleurs. On lui a conté que les nobles voulaient rentrer dans leurs biens, ravoir leurs priviléges, rétablir la corvée, obliger les paysans à battre les étangs à tour de rôle pour faire peur aux grenouilles et empêcher leur musique de troubler leur sommeil, enfin tout ce que les plus encroûtés ne croient plus depuis longtemps, et lui a avalé cela doux comme du lait; il croit cela dur comme fer, il n'en démordrait pas.

PÈRE GEORGES.

Est-il possible de gober de semblables billevesées au milieu des progrès des lumières, dans un temps où l'on ne va plus qu'en chemin de fer, où l'on parle par le moyen du télégraphe électrique avec ses amis qui sont à 2 ou 300 lieues, comme si on les voyait, en plein XIXe siècle, en pleine république!

HONORÉ.

Si j'avais voulu lui parler de certains nobles de ma connaissance, nobles de vieille date et que j'estime tout aussi capables d'être du conseil que quelques-uns de nos richards qui, trois ou quatre ans avant la république, cherchaient à nous prouver qu'ils remontaient jusqu'à Salomon, il se serait allé pendre à la vergue de son moulin.

PÈRE GEORGES.

Quand je verrai le meunier, je lui ferai croire que je suis devenu le grand Lama.

M. LUCIEN.

Comment! mon vieux camarade d'enfance en est là aujourd'hui! A la première rencontre, je lui donnerai gratis une petite leçon d'histoire. Je lui démontrerai comme quoi il s'est passé bien du temps et bien des choses de la révolution de 89 à la république de 1848. J'essaierai de lui faire entendre que les nobles ne sont ni assez mauvais citoyens ni assez stupides pour avoir les prétentions que ceux qui les jalousent en secret leur supposent. Ils demandent leurs biens !.... Quels biens ? C'est comme s'ils demandaient un quartier de la lune. D'ailleurs leurs biens d'autrefois ne sont plus à eux. Ils appartiennent à la nation ou à des millions de particuliers. Qui voudrait se déposséder pour eux ? La France, sous la Restauration, ne leur a-t-elle pas accordé l'indemnité? Faudrait-il, pour eux, bouleverser la propriété, ébranler la société entière. Mensonges que cela !... Mes amis, cite-t-on des nobles qui demandent à redevenir *hauts et puissants seigneurs*, eux que la République vient de débarrasser du fardeau de leurs titres... On n'en cite aucun que je sache.

Les nobles ne demandent rien que vous ne demandiez vous-mêmes. Ils demandent la liberté !... Ils désirent ce que vous désirez. Si leurs concitoyens les honorent de leurs suffrages et leur donnent place au conseil municipal, je crois certain qu'ils rempliront noblement leur mandat. Nous les verrons à l'œuvre.

Père GEORGES.

Pas mal parlé des nobles, des ci-devant, pour un démocrate. Mais justice à qui de droit. Mon empe-

reur n'avait pas peur des nobles, lui, comme le père
André. Il était content de les voir figurer dans ses
régiments, avec leurs brillants uniformes, leur
bonne tenue, et il n'y en avait pas peu dans sa garde!
et ils ne se faisaient pas tuer par derrière, je vous
promets!

M. LUCIEN.

Vous n'êtes pas encore au bout. Une autre nou-
velle!

HONORÉ.

Je sais! je sais! la dîme n'est-ce pas?

M. LUCIEN.

Tout juste. Les prêtres veulent avoir leur dîme.
Rien n'est plus vrai; c'est pour cela qu'ils disent
comme nous, vive la liberté, l'égalité, la fraternité!
Vive la République !

PÈRE GEORGES.

Pour le coup, père André va craindre pour un se-
cond quartier de la lune, n'est-ce pas, Honoré?

HONORÉ.

Cela ne peut manquer.

M. LUCIEN.

Comment se fait-il que des hommes se laissent

égarer à ce point comme s'ils étaient ingénieux à se tromper eux-mêmes ! Les prêtres avoir leur dîme! la demandent-ils ? Il n'en a été jamais question. Y a-t-il un seul journal, si hostile qu'il soit au clergé, qui en parle, en dise un seul mot? on n'en cite aucun. Y a-t-il un seul prêtre qui ait présenté une pétition dans ces dernières années et même depuis 20 ans, 50 ans, à l'effet de faire rétablir la dîme? L'auteur d'une semblable pétition eût été infailliblement envoyé dans une maison de santé. Non, les prêtres ne demandent pas la dîme. Ils ne doivent pas la demander ni quelque chose qui lui ressemble. Ils se contentent du traitement ou plutôt de l'indemnité qui leur est accordée depuis le concordat, passé le 15 juillet 1801, entre le pape et le premier consul ; traité célèbre qui affermit la France catholique sous la dépendance spirituelle du Saint-Siége. Cette année-ci, on ajoute un petit supplément au traitement des ecclésiastiques âgés pour les services qu'ils ont rendus à la société, à la patrie, et leur donner le moyen de subvenir anx besoins qui sont l'effet de la vieillesse pour eux aussi bien que pour les autres hommes, et les suites des fatigues du ministère. Y a-t-il là de quoi crier?... Est-ce là le rétablissement de la dîme? Que les trembleurs se consolent donc, ils ne paieront point cet impôt qui était fait pour d'autres siècles.

PÈRE GEORGES.

Mille bombes ! faut-il que des chrétiens soient assez simples pour se laisser prendre à ces gluaux-là ! Le vieux troupier n'y laissera point ses plumes.

M. LUCIEN.

Que veulent les prêtres ?.... Baptiser nos enfants, leur apprendre le catéchisme, nous enseigner nos devoirs, nous faire renoncer aux clubs montagnards, aux barricades, au drapeau rouge comme à Satan ; nous marier, nous consoler, nous secourir quand nous sommes malades, nous enterrer, en priant pour nous, quand nous mourons. Quel mal y a-t-il à cela ? Seraient-ils de bons prêtres, et les estimerions-nous s'ils laissaient de côté leur ministère ? Mais, tout dévoués à nous, à nos femmes, à nos enfants, faut-il qu'ils fassent encore la guerre à leurs dépens ? n'est-il pas juste de leur donner l'abri, la nourriture et le vêtement ? Ils ne demandent que cela, pas autre chose, et la liberté de prier pour nous, sans renoncer toutefois à l'exercice de leurs droits de citoyen ; car eux aussi ont un suprême intérêt à ce que tout aille bien, et le jour où ils ont franchi le seuil du sanctuaire, ils n'ont point fait divorce avec la patrie. Quand ils ont du superflu, s'ils en ont, ils le versent dans le sein des malheureux, ils l'emploient au soulagement du peuple.

HONORÉ.

C'est pourtant contre ces hommes qu'on ne cesse d'accumuler les mensonges et les calomnies. Hier, un vaurien qui m'avait vu entrer à l'église dimanche dernier, cria, en me rencontrant, sans doute pour me vexer : A bas les prêtres ! démolissons les prêtres!... Je passai outre sans rien dire, mais en plaignant sincèrement, au fond de mon cœur, ce misérable de son égarement.

M. LUCIEN.

Mes amis, ce ne sont pas les plus coupables ceux qui insultent aux ministres de la religion au coin d'un carrefour ou dans la rue, mais ce sont les hommes qui ne peuvent pas supporter que le prêtre à qui sa foi fait voir dans le pauvre un frère, un autre J. C, le roi des pauvres, qui vit dans tous ceux qui pleurent, qui gémissent et qui souffrent, se dévoue pour le peuple, recherche le peuple, ne néglige aucun soin pour le soulager et l'instruire. Les plus coupables ce sont ces hommes qui voudraient trouver dans le peuple un instrument toujours docile à leur volonté, asservi aux intérêts de toutes leurs passions, et qui voient que le prêtre ne cesse au nom de la religion elle-même de relever ce même peuple à ses propres yeux et d'affermir dans son cœur avec toutes les vertus le sentiment de la dignité humaine. Les plus coupables sont ceux qui accusent le prêtre de se faire le flatteur du peuple, du laboureur, de l'ouvrier.

Ils le disent et ne le croient point, car ils n'ignorent pas que la religion n'excepte de sa tendre sollicitude, ni riches, ni pauvres, et, si elle se consume en efforts pour réhabiliter la pauvreté, si elle l'entoure des respects de la terre et des promesses du ciel, c'est qu'elle sait trop que la paresse, l'inconduite, la faiblesse, l'égoïsme et toutes les mauvaises passions, empêcheront toujours qu'on puisse la supprimer.

A bas les prêtres !...Si nous démolissons les temples sans y laisser pierre sur pierre, si nous chassons les prêtres, point de traitement à donner aux prêtres, économie toute claire pour la République. Mais point de prêtres, point de doctrines religieuses, point de principes fixes, invariables, point de base solide pour la morale; bientôt point de morale; point de Dieu ; et Dieu une fois chassé de la société et mis hors la loi, point de société. Il faudrait décupler le nombre des gardes-champêtres, des gendarmes, des agents de police, des avocats; mais ce serait en vain. Il faudrait lever, solder, équiper, entretenir, recruter une armée toujours en permanence non plus pour défendre seulement la frontière, mais pour défendre la propriété contre l'armée toujours en permanence et grossissant avec une rapidité effrayante de ceux qui en voudraient à la propriété. Proscrivez les prêtres, forcez-les à se cacher dans les forêts et dans les cavernes comme des criminels, la paix, l'union, la liberté, disparaîtraient du sol de la patrie, et la religion invincible, survivant à nos désastres et aux débris de nos institutions, irait planter sa tente sur des plages plus reconnaissantes et plus hospitalières. Mais c'en serait fini de la nation française, elle desceudrait vîte et bien vîte du piédestal de puissance, de crédit, d'honneur et de gloire où depuis quatorze siècles tant de prodiges de foi, de vertu, de science, de désintéressement, de force et de courage, tant de grands hommes l'ont élevée en présence des nations de la terre. — Oui, père Georges, sachez-le bien, ceux qui font publier que les prêtres réclament la dîme savent bien ce qu'ils font. C'est une guerre sourde qu'ils trament contre les prêtres et par contre-coup contre le peuple. Mais espérons! Dieu et la République ne permettront pas que leurs ennemis triomphent.

Père GEORGES.

J'en ai la confiance aussi moi, monsieur Lucien. Cependant je voudrais bien savoir où l'on forge de telles rubriques.

HONORÉ.

Parbleu ! père Georges, malheureusement cela n'est pas nouveau. Il y a longtemps que le mensonge cherche à tuer la vérité ; vous devez le savoir aussi bien que personne. Mais on glose là dessus pas mal, tous les soirs, au club de la Haute-Montagne. Les ouvriers qui ont dormi toute la journée vont là, après leur souper, puis aussi quelques jeunes gens, bien gantés, bien musqués, bien toilettés et tirés à quatre épingles. Ces Messieurs qui se disent républicains de la veille ou de l'avant veille, voire même dès le sein de leur mère, montent à la tribune, en se frisant gentîment la moustache. Ils ramassent leur lorgnon, étendent la main magnifiquement comme s'ils étaient des général Foy et disent : Frères, frères... Ils parlent vîte, ils parlent haut ; ils invectivent, ils tonnent, ils écrasent ; ils défont, ils rebâtissent, ils remettent tout à neuf. Ils crient plus de cent fois par séance: A bas les ci-devant ! A bas les aristocrates ! Vivent les travailleurs ! Vivent, vivent les travailleurs ! Ils avalent un verre d'eau sucrée. On les admire et eux se promettent bien de devenir, qui maire de la commune, qui sous-préfet ; qui préfet ; qui inspecteur de l'Université ; qui autre d'avoir de l'avancement dans son régiment quand le temps de sa permission sera écoulé et qu'il aura rejoint son drapeau.

PÈRE GEORGES.

Ils sont mignons les clubistes de la Haute-Montagne ainsi que leurs beaux diseurs. Que cela continue et les poulets descendront tout rôtis du firmament sur l'établi des travailleurs, par la vertu de la protection du sieur Louis Blanc et des amulettes du vénérable Cabet. Quelqu'un nous dira d'où viendra le Champagne à ces messieurs. En attendant, il me semble qu'on ne ferait pas mal de mettre un agent de police en faction au pied de la tribune des honorables...

HONORÉ.

Adopté, citoyen, adopté!

M. LUCIEN.

Au revoir, mes amis; demain, bataille.

PÈRE GEORGES.

Au revoir, M. Lucien. Si nous sommes battus cette fois, c'est que nous n'avons seulement pas eu le temps de nous reconnaître. Je trouverai des braves; je leur apprendrai l'école du soldat, l'école du peloton; je leur dirai: Camarades, serrez vos rangs; votez librement, votez pour ceux qui vous conviennent; votez comme un seul homme sans vous mettre à la remorque d'un gendarme ou d'un garde-champêtre, et le Petit Caporal sera content de nous.

n'est-ce pas, monsieur Lucien? — Au revoir; et espoir quand même! Honoré, tu es un des meilleurs ouvriers du canton; tu sais lire et écrire; tu arranges bien tes petites affaires; tout le monde t'estime; tu as du bon sang dans les veines; ne perds point ta vieille écharpe, mon ami, tu es digne de la porter.

CHAPITRE III.

30 juillet !...... Les élections sont accomplies.

La liste entière a passé !.....

    Aux officiers de la maréchaussée,
Au magister,
Aux gardes champêtres,
Aux adorateurs,
Aux complaisants,
Au papier bleu municipal.

A chacun
Une Couronne d'immortelle
ou
Une médaille civique !

. . . .
. . . .
. . . .

Reste à savoir si comme nous devons charitablement l'espérer, tous les électeurs inscrits ont reçu leur carte d'électeur ; si les opérations se sont faites avec une stricte, une rigoureuse légalité ; y a-t-il eu dans la salle, lors du dépouillement du scrutin, un cer-

tain nombre d'électeurs , non pas tant pour en sur-
veiller l'exactitude, que pour voir à qui des citoyens
qui sont en dehors du conseil, les autres citoyens électeurs se sont permis de donner leurs voix, chose infini-
ment importante à remarquer pour connaître ceux
qui, à une autre élection, auront le plus de chance
de passer.

CHAPITRE IV.

M. LUCIEN.

Éh ! citoyens, je vous l'avais bien dit ! n'ai-je pas
été prophète ?

M. LUCIEN.

Trop bon prophète assurément ! Parbleu ! qui eût
cru que les deux tiers de la commune se seraient
laissé conduire comme des moutons, et que, renon-
çant pour un jour au bon sens naturel avec lequel
nos laboureurs, nos vignerons, nos ouvriers veillent
à toutes leurs autres affaires, ils eussent pu consen-
tir, relativement au choix de leurs conseillers, à ne
plus voir par eux-mêmes, à ne plus juger par eux-
mêmes, à ne plus vouloir par eux-mêmes, pour penser comme l'autorité, voir comme l'autorité, juger
comme l'autorité, vouloir comme l'autorité, ce qui
s'appelle en bon français : abdiquer, renoncer à sa
souveraineté électorale, à sa propre liberté.

Mes amis, courbez la tête, mettez-vous sous le
joug, obéissez au grand commandement ; et l'on
courbe la tête, et on se met sous le joug, on vote
comme un seul homme, sans rayer un seul mot sur
une quantité considérable de bulletins, souvent
sans les lire ! qui eût pu penser cela ?.... Oh ! oui,
Monsieur Lucien, nous avons essuyé un véritable

Waterloo. Sans doute nous n'avons pas été trahis ; mais, bonnes gens que nous sommes, on nous a surpris, et cette fatale liste est tombée au milieu de nous commè des éclats d'obus sans que l'on ait eu le temps de dire : gare .... Mais gare aux troupiers de l'autre camp, nous allons leur faire bonne guerre. Puis ce qui me console, c'est qu'ils ne peuvent guère être fiers de cette élection-là. C'est plutôt à mon avis une non élection. Il y en a des vingt-trois qui n'ont pas eu ma voix, soyez en sûr, Monsieur Lucien.

HONORÉ.

Ni la mienne.... Une autre fois, je sais bien ce qui arrivera. Ils battront la grosse caisse, ils se fâcheront et nous laisseront faire ce qu'ils ne sauraient empêcher. Ils nous appelleront dévots, jésuites, fanatiques, enragés, rebelles, insurgés, tout ce qu'ils voudront. Nous ne leur répondrons que par des douceurs. Ils diront que l'on nous égare ; nous dirons que nous allons droit ; que nous allons à la ruine ? nous dirons que nous allons à la raison ; à l'ordre, à la justice, à la liberté de choisir les chefs qui ont notre confiance. Le proverbe n'est-il pas là, toujours là ? *Confiance n'est pas de commande.*

CHAPITRE V.

PÈRE GEORGES.

Pourtant, Monsieur Lucien, comment donc faire ?........

M. LUCIEN.

D'abord, il faut que nous nous entendions, que nous réunissions, que nous nous comptions; car, tant que nous ne nous concerterons point, que nous ne nous réunirons point, nous n'obtiendrons jamais rien. C'est écrit ! Pourquoi les fourmis se creusent-elles des greniers si profonds, si spacieux, si commodes pour elles, leurs petits et leurs provisions ? c'est parce qu'elles se réunissent et s'entendent entr'elles, marchant toutes vers un but commun. De même pour les abeilles. Rien n'est faible comme l'homme seul. Associé avec d'autres hommes, il n'est rien dont il ne soit capable.

Croyez moi, mes amis, le malheur des bons habitants des campagnes et des ouvriers honnêtes, laborieux, est d'être restés depuis trop longtemps complétement étrangers aux affaires de leurs communes, par insouciance, par apathie, par une modestie exagérée dont s'arrangent parfaitement les intrigants, et l'on trouve partout des gens de cette espèce. Maintenant que la République, vous a donné à tous des droits nouveaux, c'est pour vous tous un devoir de les faire valoir.

PÈRE GEORGES.

Sans aucun doute, la République n'a pas été inventée pour les cosaques !

M. LUCIEN.

Vous êtes électeurs, donc vous devez aller déposer votre vote dans l'urne électorale.

PÈRE GEORGES.

Un soldat de plus ou de moins, c'est peu de chose dans une armée de quarante mille hommes.

M. LUCIEN.

Oui, père Georges, mais une voix de plus ou de moins, un jour d'élection, c'est beaucoup.

Quand on vous convoque pour une élection, arrivez les premiers, arrivez tous ; car, là où les voix se comptent plutôt qu'elles ne se pèsent, une seule voix peut faire pencher la balance et faire entrer au conseil un homme qui vous est entièrement dévoué.

HONORÉ.

Permettez, monsieur Lucien. Si les gardes-champêtres et les gendarmes font toujours la patrouille les jours et les nuits qui précèdent l'élection, nos amis..

M. LUCIEN.

Ne passeront pas tous. Mais, si vous vous entendez, si vous voulez enfin faire vous-mêmes vos élections et ne pas les accepter toutes faites comme l'addition d'un bordereau d'impôts, il en passera beaucoup, car vous êtes nombreux, et la victoire, la victoire finit toujours par rester aux gros bataillons. Quand même, ce qui ne peut plus arriver à moins que vous ne vous entêtiez à le vouloir, aucun d'eux ne passerait, ce serait un malheur, mais les bons citoyens qui auraient voté pour ceux qu'ils jugeaient dignes de leur confiance, auraient toujours rempli un devoir d'honnête homme, un devoir de citoyen. Ils auraient protesté contre de mauvais choix.

Père GEORGES.

Nous vous savons gré, monsieur Lucien, des explications et des conseils que vous voulez bien nous donner. Nous en profiterons et nous ferons tout ce qui dépendra de nous pour que nos amis n'abandonnent pas si facilement la partie. Quand ils comprendront comme nous ce que c'est que donner son vote, il n'y aura plus de paresseux parmi eux, les vieillards eux-mêmes viendront, toute la réserve répondra à l'appel.

HONORÉ.

Pour le père Georges, je le crois bien, il ne manquera pas à l'appel. Il n'y a jamais manqué.

PÈRE GEORGES.

Et quand il faudra nommer des couseillers d'arrondissement,   j'y irai ;
des conseillers de département,   j'y irai ;
des députés à l'Assemblée Nationale,   j'y irai ;
un Président de la République,   j'y irai.

HONORÉ.

Je le crois de tout cœur ; père Georges ne manquera jamais à l'appel.

PÈRE GEORGES.

Il faut savoir sacrifier une journée à son pays. Si on ne le fait pas, aime-t-on réellement son pays ?

HONORÉ.

La difficulté n'est pas là, père Georges ; je sais votre patriotisme. Mais un tel ne voudrait pas paraître dans les élections ; un autre ne voudrait pas répandre, patroner une liste de peur de déplaire à son maître ; un autre de peur de déplaire au patron, un autre à une pratique. On craint en voulant ménager l'un ou le patroner de blesser l'autre, et vous le savez : *amour propre blessé ne pardonne guères*, et les petits esprits surtout quand on les a froissés deviennent facilement boudeurs, haineux, vindicatifs.

M. LUGIEN.

A cela, j'ai une réponse décisive..... Que tous aillent aux élections, tous s'en occupent, demandant des conseils à leurs amis ou leur donnant conseil ; que tous y aillent franchement, loyalement, en plein soleil, cherchant de bonne guerre à faire adopter leurs idées et leurs candidats. Qui osera se plaindre? qui osera dire à un paysan! vous ne pensez pas et ne votez pas comme moi, je double votre prix de ferme? — Vous siégez au conseil... Je vous chasse. A un ouvrier: Je vous croyais une machine, un instrument que je menerais à volonté, et vous vous servez de votre intelligence? et vous restez libre de votre vote? vous ne travaillerez plus pour moi.... Qui voudrait braver ainsi toute convenance, toute raison, toute justice se déshonorerait à tout jamais, et le mépris public, comme une flétrissure impérissable, s'attacherait à son nom et poursuivrait sa mémoire.

Laissez passer le tyran — il n'y a plus d'esclaves......

Mes chers amis, soyez donc sans inquiétude de ce côté. Laissez la peur aux lâches......

CHAPITRE VI.

PÈRE GEORGES.

Qui choisir, M. Lucien?

M. LUCIEN.

Vous le savez aussi bien que moi, le plus digne.

Si quelqu'un veut vous forcer à lui donner votre suffrage, ne le lui donnez pas. S'il vous le demande à prix d'argent, fuyez-le avec horreur. Ne vous laissez pas gagner par des caresses ni intimider par les menaces. Qui choisir?... Non pas des hommes à qui vous ne confieriez pas vos propres intérêts, mais des hommes probes, honnêtes, religieux ; des hommes à qui vous confieriez sans crainte votre fortune, votre réputation, votre honneur, enfin ce que vous avez de plus cher au monde.

HONORÉ.

Voilà une règle sûre, une règle-principe dont il ne faudrait jamais s'écarter.

M. LUCIEN.

Partout où l'on s'est écarté de cette règle, dans le choix des conseillers municipaux, les intérêts de la commune sont négligés et tout y est en souffrance. L'argent est employé dans des dépenses inutiles, les rues sont négligées, les cloaques infectes non desséchés, les routes mal entretenues, les chemins vicinaux impraticables à la première pluie ; les élèves des écoles non surveillés, non encouragés et entassés dans des locaux étroits, mal éclairés et tout humides, ne font aucun progrès; le commerce languit, le pauvre pâtit, se plaint et meurt sans être secouru.

Dans une commune bien administrée, au contraire, tout va bien, tout marche, tout progresse. L'instituteur est bien choisi. Homme d'intelligence et de cœur, il se dévoue pour ses enfants, car c'est ainsi qu'il appelle ses élèves. Sans négliger de leur apprendre aucune des grandes découvertes de la science moderne, il les instruit solidement. Il les catéchise et les moralise, en soutenant tous ses préceptes et ses conseils de la sanction de ses exemples et de l'autorité d'une vie honorée par la vertu. Il y a une police agissante, il y a des mœurs, du travail, de l'activité, de l'industrie ; la prospérité établit l'union des citoyens entre eux, les citoyens n'ont pas assez d'éloges à donner à leurs administrateurs; ils les estiment, les vénèrent, les soutiennent au lieu de leur susciter des difficultés et des embarrás. De leur côté, les administrateurs trouvent leur récompense dans le bonheur que leur autorité bienfaisante et éclairée fait régner autour d'eux.

PÈRE GEORGES.

Tenez, Monsieur Lucien, c'était ainsi que faisait le père d'Honoré pendant qu'il était à la tête de notre commune. Il était partout, il avait l'œil à tout ; il écoutait tout le monde. Etait-il embarrassé ? et qui ne le serait pas ? on l'est bien quelquefois dans l'administration de ses petites affaires, il ne rougissait pas d'aller demander conseil à ceux qui étaient plus habiles et plus expérimentés. Quand ces avis lui paraissaient sages, il les suivait. Au conseil, il écoutait jusqu'au bout et avec bienveillance le plus jeune aussi bien que le plus ancien. Il ne frappait ni du pied ni de son énorme couteau de bois sur le vieux tapis vert tout rapiécé de notre mairie. Il ne faisait jamais la grosse voix pour étouffer celle de l'orateur qui émettait une opinion contraire à la sienne. On délibérait vraiment en toute liberté. Jamais, sous lui, on n'a entendu dire qu'un seul marché ait été contracté au nom de la commune de gré à gré et à la chute-chute. Aussi chacun était content, je vous jure, et quand il mourut, il emporta la réputation d'un homme sincèrement désintéressé et dévoué à son pays. Toute la paroisse accompagna son cercueil, et comme Honoré que voilà était un pauvre diable, et que son père ne lui avait rien laissé, la commune fit élever à ses frais une belle tombe au défunt. Vivent les maires comme défunt Honoré !

M. LUCIEN.

Vous êtes électeurs, vous êtes aussi éligibles de par la loi. Donc on aurait mauvaise grâce à dire que vous êtes des fous ou des ambitieux si vous désirez siéger au conseil de votre commune.

Vous êtes laboureurs !... Depuis quand votre condition est-elle une condition vile ? Il y a eu un temps où le laboureur, le nourricier de la patrie était esclave ; mais, Dieu merci, ce n'est plus de même, la charte de l'évangile a condamné, flétri, annulé l'esclavage.

Vous êtes ouvriers ! mais le fils de Dieu, en travaillant de ses mains, n'a-t-il pas relevé la dignité du travail ? Vous êtes ouvriers ! mais les ouvriers ne sont-ils pas les bras souples et nerveux du corps social ? Que deviendrait le corps s'il n'y avait pas de bras ? Puis, parce que vous tissez, vous cousez, vous faites des vêtements, vous travaillez le bois, les métaux, s'en suit-il que vous n'ayez pas assez d'idées pour comprendre une question proposée, discutée par les gens les plus éclairés du conseil, pour dire ce que vous en semble, pour don ner un bon vote ! Laboureurs, ouvriers, n'avez-vous pas aussi un cœur d'homme où il y a de nobles instincts, des sentiments généreux et élevés ?

HONORÉ ET PÈRE GEORGES.

Si ! Si ! ceux qui disent le contraire, en ont menti !.....

M. LUCIEN.

Qu'ils s'agisse d'agriculture au conseil, ne faut-il pas des agriculteurs, des hommes pratiques, des hommes bronzés par le soleil, aux mains calleuses, des hommes du métier, pour apprendre à ceux qui ne sont pas du métier ce que la théorie toute seule n'a pu leur apprendre !

Qu'il s'agisse d'une question d'industrie ou de commerce, sera-t-elle traitée à fond, avec raison, avec impartialité, avec justice, si l'industrie et le commerce n'ont pas leurs représentants au conseil ? c'est impossible........

Beaucoup de conseils municipaux sont mauvais ou ne font pas le bien qu'on a droit d'en attendre parce que tous les intérêts de la commune n'y sont pas représentés.

Voulez-vous que je me résume ? La propriété est sacrée ; nos pères l'ont gagnée pour nous à la sueur de leur front et nous l'ont transmise, ou nous l'avons conquise nous-mêmes par nos efforts constants, l'esprit d'ordre et d'économie ; donc il doit y avoir des propriétaires au conseil municipal. L'agriculture et l'industrie, double source de la richesse publique, ne sont pas moins respectables ; donc il faut dans le conseil des agriculteurs et des ouvriers, des agriculteurs intelligents et fermes , dont la voix obéissante et facile ne soit pas un appoint assuré d'avance à la minorité; des ouvriers sages qui comprennent que le travail vaut mieux que l'aumône que l'on mendie, qu'il est un devoir social tellement rigoureux , que l'homme qui refuse le travail qu'on lui donne ou qu'on lui offre et qui suffit pour le faire vivre lui et sa famille, s'il en a une, se rend coupable envers Dieu et envers ses frères qui attendent ses services , indigne des doux empressements de la charité, et perd ses droits au secours de l'état.

M. LUCIEN.

Allons , père Georges, et vous, Honoré , faites à votre ami une promesse. Promettez-moi de voir les connaissances , de les instruire , d'exciter leur zèle, s'il le faut, pour qu'ils se conduisent bien aux élections nouvelles.

PÈRE GEORGES.

Il y a longtemps que j'ai promis ça. J'ai le 30 Juillet sur le cœur. Mes amis et moi nous allons dresser nos batteries. Je serai comme Bayard , sans peur et sans reproche.

HONORÉ.

Moi aussi, je ne faillirai jamais à cette cause là. C'est la cause du pays, la cause de la patrie.

M. LUCIEN.

A mon tour maintenant, mes amis, je vais vous faire une promesse qué vous croirez sans peine. Je m'engage à user de toutes mes ressources pour vous faire connaître à vos concitoyens. Si, aux élections prochaines, vous ne réussissez pas à entrer dans le conseil, supportez ce petit échec sans vous déconcerter et dites : à une autre fois ! Si vous réussissez comme c'est justice, allez vous inspirer dans votre conscience. Pensez bien, et quand vous voulez émettre votre opinion, faites-le avec franchise et courage. Quand vous seriez seul contre tous, ne soyez jamais assez coupable pour voter contre vos pensées, vos convictions, votre conscience. Il ne faut jamais mentir à soi-même. Que personne ne vous intimide. Honorez vos collègues et vous les forcerez à vous honorer. Respectez inviolablement les droits du pauvre et les droits du riche ; car, celui qui est pauvre peut devenir riche, et celui qui est riche peut devenir pauvre à son tour. En faisant ainsi, vous aurez rempli les devoirs d'un bon citoyen.

Que votre commune soit bien administrée; que toutes les communes soient bien administrées, et la République sera forte et glorieuse.